Rachel Carr

YOGA CREATIF POUR LES ENFANTS

Photographies
Edward Kimball, Jr.

Illustrations
Don Hedin

EDITIONS SOLEIL
GENEVE

Chez le même éditeur:

Collection ALIMENTATION SAINE

- ALIMENTATION DE L'ENFANT - Dr Françoise Berthoud
- APPRENDRE A SE DETOXIQUER - Dr Soleil
- APPRENDRE A SE NOURRIR - Dr Soleil
- GRAINES GERMEES - JEUNES POUSSES - Dr Soleil
- GUIDE DES REGIMES - Dr Soleil
- HYGIENE INTESTINALE - Dr Soleil
- JARDINER «SOLEIL» - Dr Soleil
- MANGER «SOLEIL» - Dr Soleil
- VIANDE ET SANTE - Dr John A. Scharffenberg

Collection SANTE

- APPRENDRE A MASSER LES PIEDS - Dr Soleil
- APPRENDRE A MIEUX VOIR - Dr Soleil et Martin Brofman
- LA POLARITE, VOS MAINS GUERISSENT - Richard Gordon
- RIRE, C'EST LA SANTE - Dr Samuze
- VACCINER VOS ENFANTS? - Dr Françoise Berthoud

Collection DEVELOPPEMENT PERSONNEL

- SANS PEUR ET SANS REPROCHES - Dr Gerlad Jampolsky
- AIMER, C'EST SE LIBERER DE LA PEUR - Dr Gerald Jampolsky
- TECHNIQUES DE VISUALISATION CREATRICE - Shakti Gawain
- VAINCRE PAR LA SOPHROLOGIE - Dr Raymond Abrezol

Collection EXPERIENCES SPIRITUELLES

- L'INCORRIGIBLE OPTIMISTE - E. Bordeaux-Szekely
- LE GUERRIER PACIFIQUE - Dan Millman
- SAUVEE DE LA FOLIE - Divaldo Pereira
- UTILISE CE QUE TU ES - Fun-Chang
- LA VIE BIOGENIQUE - E. Bordeaux-Szekely
- VIVRE EN HARMONIE AVEC L'UNIVERS - E. Bordeaux-Szekely

Catalogue livres et cassettes sur demande

Titre original: *Be a frog, a bird or a tree*
Publié par Doubleday & Co., New York

ISBN 2-88058-041-2

LES EDITIONS SOLEIL

Nous sommes de plus en plus nombreux à désirer nous rapprocher de la nature, donner une part plus grande à la créativité personnelle et vivre pleinement dans un monde en changement constant. Pour cela, il nous faut découvrir les principes de santé et d'harmonie nous permettant d'améliorer notre relation avec nous-mêmes, nos proches et le monde dont nous faisons partie.

Les méthodes de santé sont actuellement multiples et variées. Qu'elles soient issues des traditions anciennes ou des études scientifiques modernes, il est important de percevoir leur complémentarité pour faire ensuite librement ses choix et agir en se prenant en charge. Comme la FONDATION SOLEIL (Genève), les EDITIONS SOLEIL œuvrent pour la pédagogie de la santé, avec le principe de *proposer sans imposer, informer sans prendre parti.*

Les EDITIONS SOLEIL présentent des chemins possibles, montrent des directions, en se situant au-delà des querelles d'écoles et en respectant les convictions et préférences de chacun. D'un livre à l'autre se multiplient les occasions de prise de conscience et de compréhension. Si les expériences proposées nous attirent, nous sommes invités à *vivre toujours plus au pays du bien-être* : favoriser notre santé et notre épanouissement, développer nos ressources personnelles et notre connaissance de nous-mêmes dans une approche globale tenant compte de toutes les dimensions de l'être humain: physique, émotionnelle, mentale et spirituelle.

Elaborés par un groupe de personnes de tous horizons réunies par leur intérêt pour la pédagogie de la santé, les livres signés "Docteur Soleil" présentent la synthèse des études menées sur un sujet donné. A la portée de tous, ils sont rédigés dans un langage simple et avec humour. Comme tous les livres des EDITIONS SOLEIL, ils ne sont pas destinés à nous intellectualiser davantage, mais à nous inciter à sortir du monde des limitations pour entrer dans une conscience de la vie plus large, plus drôle, plus libre, plus dense et plus palpitante.

Les EDITIONS SOLEIL *publient également des cassettes dont la plupart complètent les livres.*

Pour tout renseignement :
EDITIONS SOLEIL - 3, route de Sous-Moulin
CH - 1225 Chêne-Bourg, Genève
Tél. (022) 49.24.70

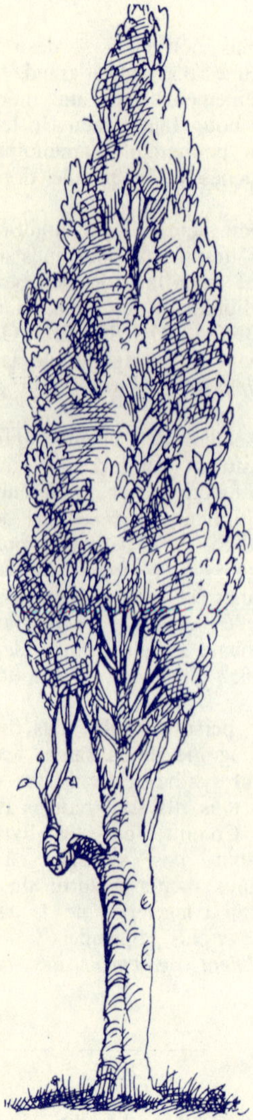

Je suis
un arbre,
un oiseau...

Je dédie ce livre
à tous les enfants
qui veulent développer
leur souplesse et leur vigueur.

TABLE DES MATIERES

Introduction pour les enfants

En Inde, il y a plusieurs milliers d'années, apparut un type d'entraînement physique dont les mouvements et les positions s'inspiraient des animaux et de formes de la nature ou d'objets. On découvrit que la pratique de ces exercices donnaient aux hommes santé et vigueur. Les Indiens se sont donc mis à imiter les oiseaux, les insectes, les arbres, les ponts, etc., comme les enfants de ce livre.

Ces mouvements sont des exercices de yoga. Ils t'apprennent l'équilibre et le contrôle de tes muscles. Les enfants qui les pratiquent s'amusent beaucoup et, s'ils le font régulièrement, ils améliorent leurs aptitudes physiques et deviennent meilleurs en course, en saut, en natation, en vélo ou en toute autre activité de leur choix.

Mais connais-tu bien ton corps, sais-tu de quoi il est capable? Certaines personnes sont *souples*, elles peuvent se mettre dans presque n'importe quelle position. D'autres personnes sont *raides*. Elles ont besoin de s'entraîner pour devenir souples. (Tu verras plus loin si tu es souple.)

Dans les deux cas, il est important de *ne jamais forcer* quand un exercice te paraît difficile. Si tu forces, tu te fais mal. Sois patient envers ton corps. Progresse doucement, un peu chaque jour et, plus vite que tu ne le crois, tu auras le plaisir de te découvrir souple et agile comme un chat!

Les exercices de ce livre te plairont tout de suite. Ne te décourage pas si tu ne les réussis pas aussi bien que tu le voudrais dès la première fois. Ce que tu trouves difficile aujourd'hui te paraîtra facile demain. Les garçons et les filles photographiés dans ce livre se sont entraînés pour arriver aux résultats que tu vois.

Voici quelques conseils utiles:

1. Il est plus amusant de faire les exercices à deux, en s'aidant l'un l'autre, comme les enfants sur les photographies des pages suivantes.

2. Tu peux faire du yoga en rentrant de l'école ou avant le dîner, par exemple. Si tu viens de manger, attends au moins une heure avant de commencer, pour permettre à ton corps de digérer la nourriture.

3. Installe-toi sur un tapis ou sur une couverture pliée; c'est plus confortable que le sol dur.

4. Tes vêtements ne doivent pas gêner tes mouvements. Tous les enfants de ce livre sont en maillots de bain et pieds nus. Si tu as froid, mets un T-shirt et des chaussettes, mais pas d'habits lourds.

5. Pour les exercices d'équilibre, comme l'arbre, la cigogne ou le bourdon, mets-toi d'abord sur la jambe droite, puis sur la jambe gauche, pour les fortifier autant l'une que l'autre.

6. Voici le dernier point, le plus important: *ne renonce pas*, même si tu trouves un exercice difficile. De l'entraînement et de la volonté te permettront de vaincre la difficulté.

Mise en route

Ces exercices sont plus amusants
quand on les fait à deux,
en s'aidant l'un l'autre.

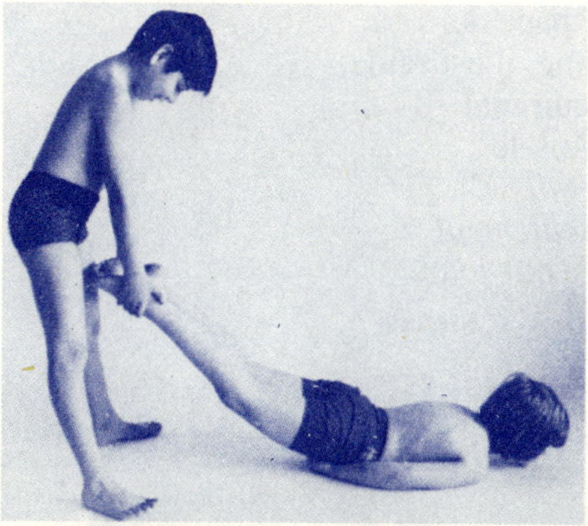

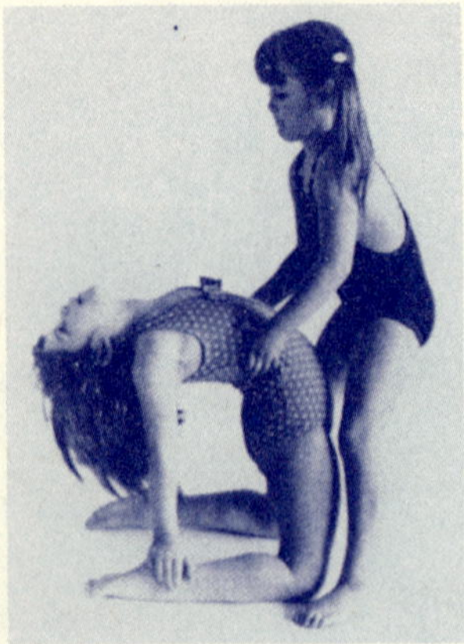

Ton corps, comme celui de ce garçon, peut s'assouplir en l'espace de deux semaines. A gauche, il est raide, à droite, il n'a plus aucun mal à prendre la posture. Vois-tu la différence? *Le secret de cette transformation: seulement cinq minutes d'exercice par jour.*

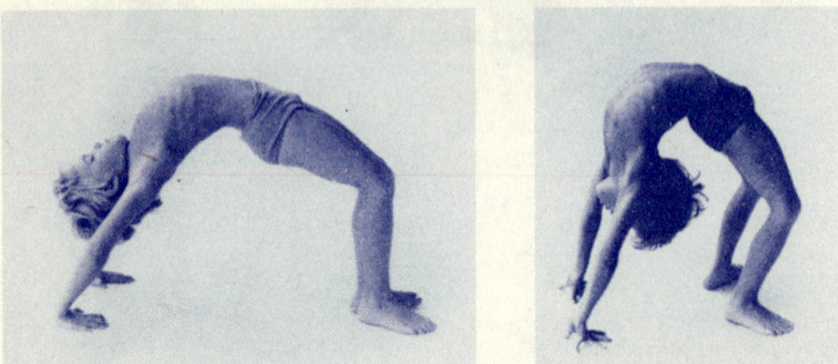

Réussis-tu à toucher le sol avec ton front lorsque tu es assis, jambes écartées ? La plupart des gens doivent s'entraîner pour y parvenir. Voici comment.

Pose tes mains sur tes jambes et penche-toi doucement en avant, le plus possible, puis compte lentement de 1 à 10. Recommence une fois chaque jour. A chaque fois, tu descendras un peu plus bas et un jour, ta tête touchera le sol.

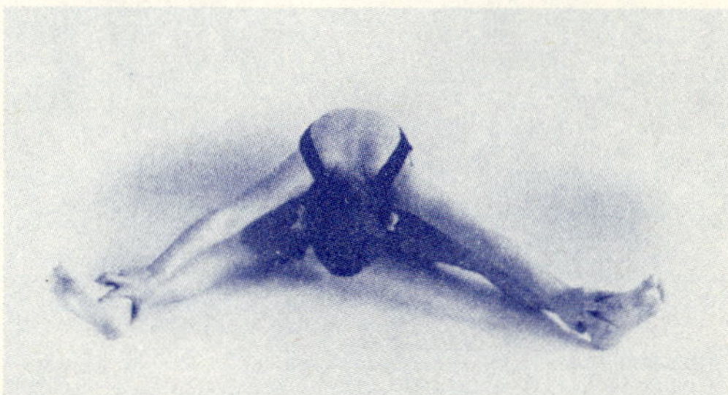

Si tu es souple, tu croiseras facilement les jambes dans la *position du lotus*; mais si tes genoux sont raides, voici comment les assouplir.

Assieds-toi, jambes écartées. Pose le pied droit sur la cuisse gauche. Maintiens-le avec la main gauche puis, tout doucement, de la main droite, appuie sur le genou droit en comptant lentement de 1 à 10. Fais la même chose en posant le pied gauche sur la cuisse droite. Recommence une fois chaque jour. Bientôt, tu pourras plier les deux jambes à la fois, comme sur la photographie de gauche.

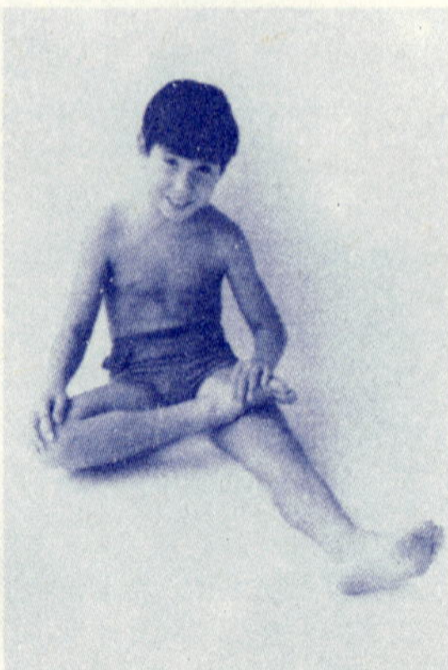

Maintenant tu es prêt à commencer. Fais les exercices dans l'ordre où ils se suivent dans ce livre, en passant progressivement des plus faciles aux moins faciles, et le yoga t'apportera beaucoup de satisfactions.

Je suis un oiseau.
J'aime voler
très haut
dans le ciel.

Je me tiens en équilibre
sur la pointe des pieds,
les bras étirés comme des ailes
loin derrière moi.

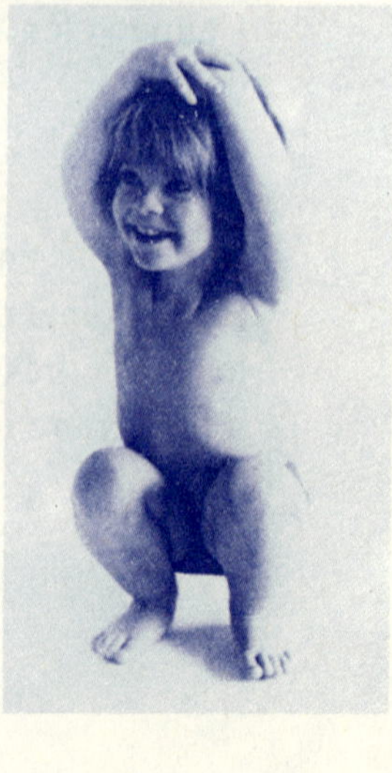

Je suis une
grenouille.
Je coasse
dans l'étang.

Je m'accroupis,
en équilibre
sur la pointe
des pieds,
les bras autour
de la tête.

Toujours sur la
pointe des pieds,
je fais
de petits bonds
de tous les côtés.
Je m'amuse.

Je suis un chat.
J'adore m'étirer
dans tous les sens.
Comme je suis souple !

La tête
au sol,
les bras
et les
jambes
tendus,
je fais
le dos
rond.

En appui
sur les
genoux
et sur
les mains,
je creuse
le dos et
je relève
la tête.

Ensuite
je lève
une jambe
tendue
et je tourne
la tête
pour regarder
mon pied.

Je suis un bûcheron.
Je suis très fort.

Quand je coupe
 du bois,
j'écarte
 les jambes
et je joins
 les mains
au-dessus
 de la tête.

Je me penche
 très loin
en arrière,
 puis en avant,
et je balance
 dix fois
mes bras
 entre mes jambes.

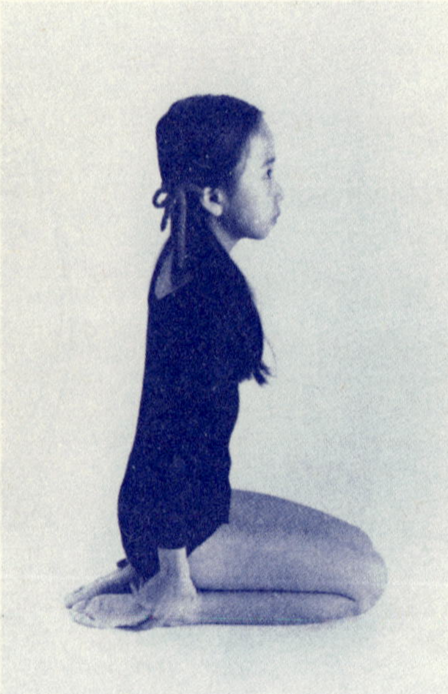

Je suis un lièvre.

Assis sur les talons,
les jambes serrées,
je tiens mes pieds.
Mon dos est bien droit.

Puis je me penche en avant,
en tirant sur mes bras,
et je pose ma tête sur le sol
devant mes genoux.

Je suis une cigogne.
Pour dormir,
je me tiens
sur une jambe
et je replie l'autre.

Puis je penche
la tête
et je ferme
les yeux.
Je joins
les mains
devant la poitrine.

J'essaye de rester
en équilibre
dans cette position
et lentement,
je compte
jusqu'à dix.

Je suis un cheval à bascule.
Je me balance
d'avant en arrière.

Je suis assis,
les genoux
contre la poitrine,
les bras autour
des jambes.

Je vais en arrière,
mon dos
touche le sol,
mes pieds
sont en l'air.

Puis je remonte
vite
et je repose
mes pieds
par terre.

Je me balance ainsi
plusieurs fois,
sans lâcher,
ni déplier
les jambes

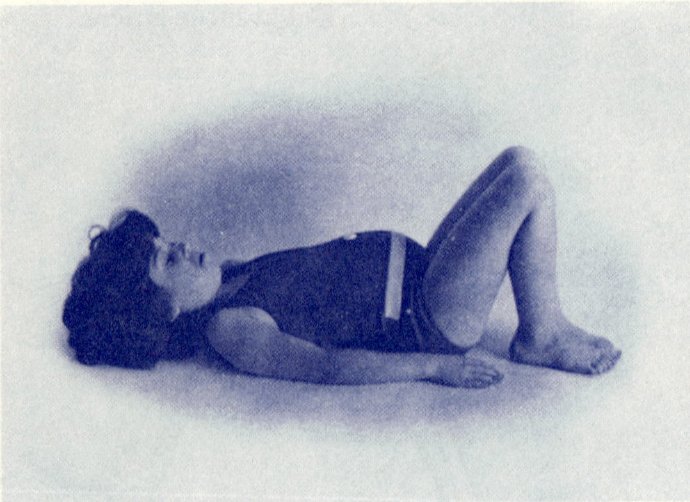

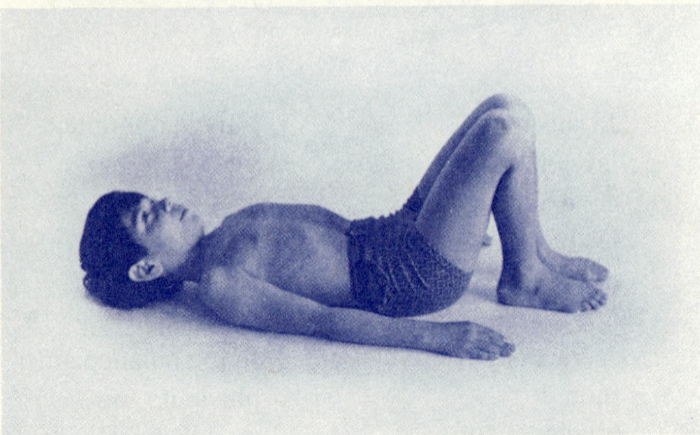

L'air entre : je me gonfle,
l'air sort : je me dégonfle.
Qui suis-je? Un ballon !

J'inspire à fond
par le nez;
l'air entre en moi,
mon ventre
gonfle et
s'arrondit.

Quand j'expire
par le nez,
l'air sort,
mon ventre
se dégonfle
et s'aplatit.

Je suis un arbre grand et fort

Ma jambe gauche
est le tronc,
ma jambe droite,
une branche tordue.

Je la plie
et je pose
mon pied droit
sur ma cuisse gauche.

Mes bras sont
la cime de l'arbre.
Je les lève
au-dessus de ma tête.
Mes doigts
se touchent.

Puis je recommence en changeant :
cette fois,
ma jambe droite est le tronc,
la gauche, une branche tordue.

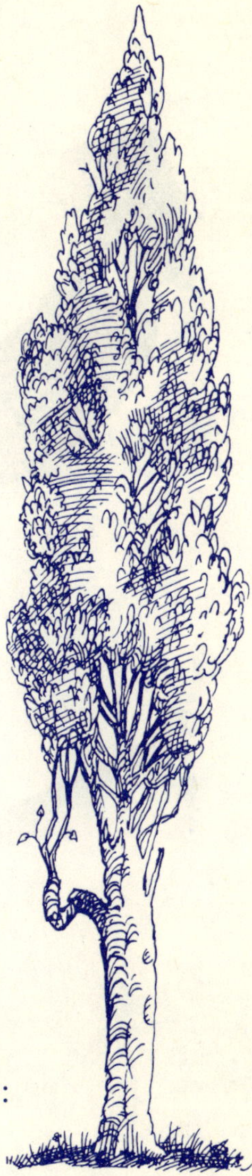

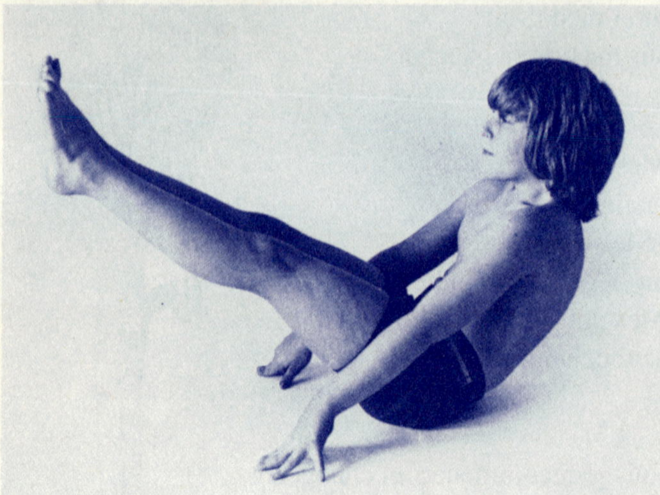

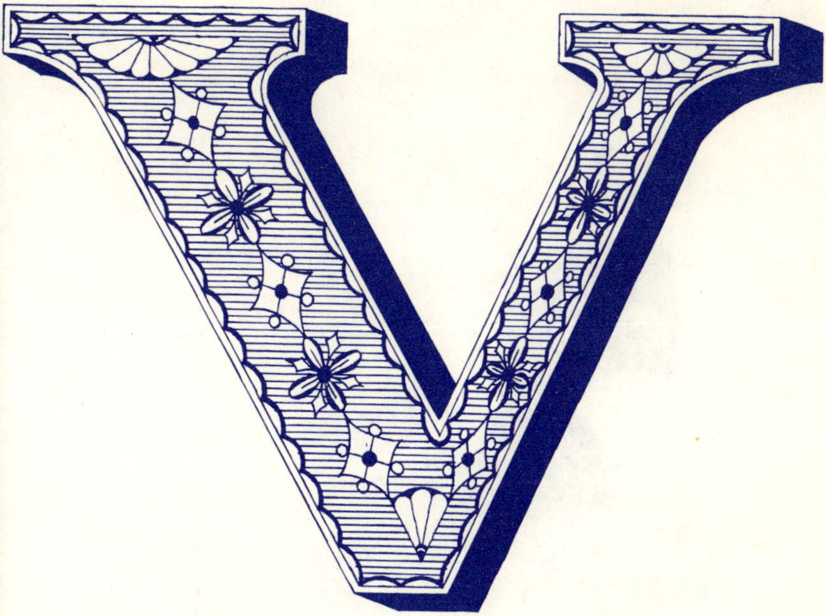

Je suis assis,
jambes allongées.
J'incline mon dos
en arrière et
je lève mes jambes.

Mes bras sont tendus,
mes jambes aussi.
Je m'appuie
sur mes mains
pour garder l'équilibre.

Qui suis-je ?
La lettre "V" !

Je suis
une hirondelle.
J'aime jouer,
puis me reposer.

Assise sur
les talons,
je tends
les bras
au-dessus
de la tête
et je joins
les mains.

J'inspire
profondément,
en creusant
le dos,
puis je regarde
vers le haut
en m'étirant
de toutes
mes forces.

Quand je
suis fatiguée,
je m'incline
en avant,
bras tendus,
tête au sol
devant
les genoux.

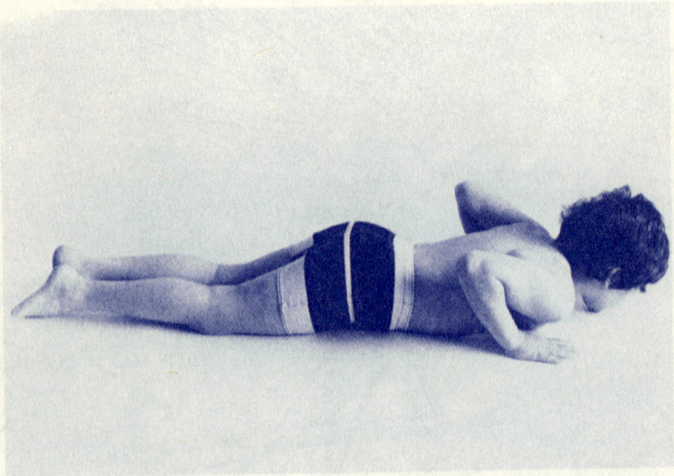

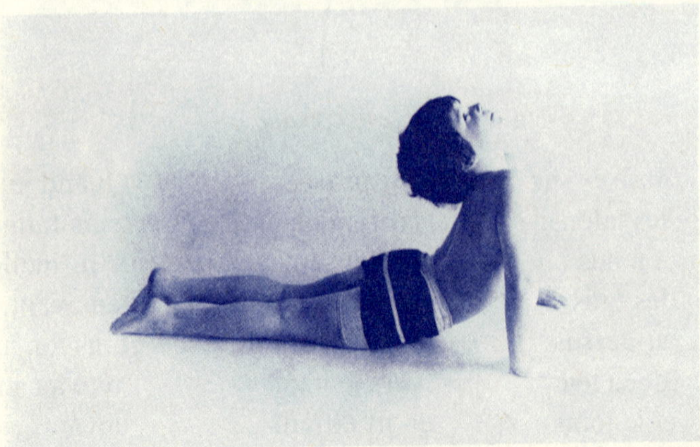

Je suis un cobra.
Je rampe
dans l'herbe verte.

Pour lever la tête,
je creuse le dos
en poussant
sur les bras,
sans décoller
le reste du corps.

Mes bras
et mes jambes
sont bien tendus.
Mes mains
sont à plat
sur le sol.

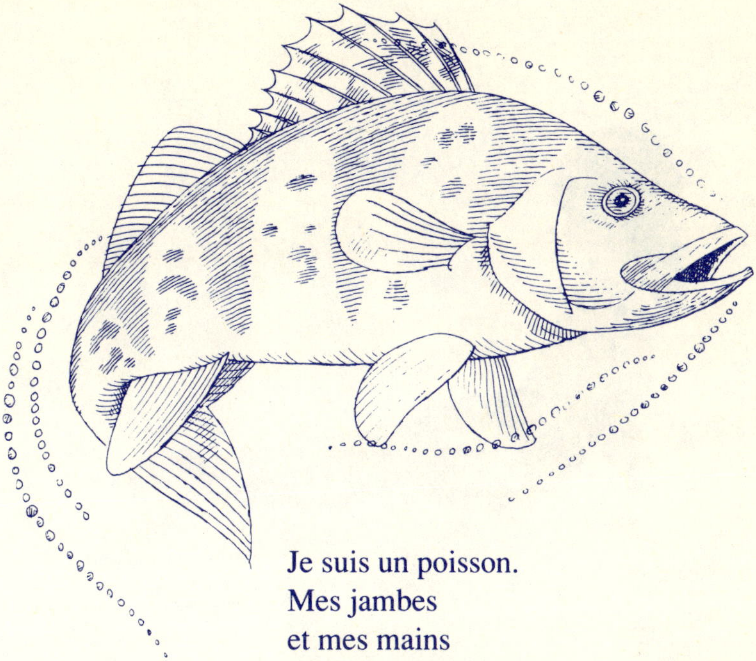

Je suis un poisson.
Mes jambes
et mes mains
sont des nageoires.

Les bras
sous le corps,
je prends appui
sur les mains
et la tête
pour creuser
le dos.

Puis je ramène
les bras
en avant
et je joins
les mains
sur la poitrine.

Dans cette position,
je rêve que je nage.

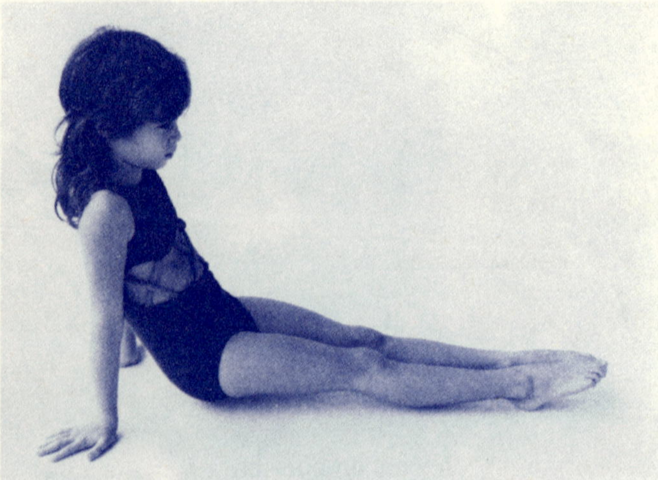

Je suis un toboggan.
En appui sur les pieds et
sur les mains, je suis solide.

Je suis assis,
jambes serrées
et tendues,
mains au sol,
doigts vers
l'arrière.

Je me soulève
en m'appuyant
sur mes bras
tendus et
sur mes pieds.

Je rejette
la tête
en arrière.
Mon corps
est tendu.

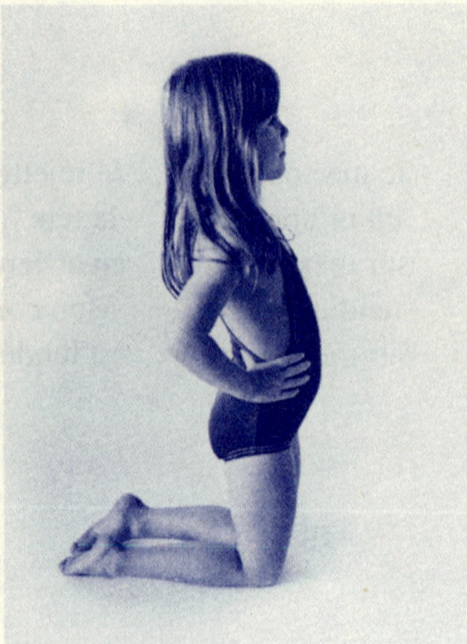

Je vis dans le désert,
je suis un dromadaire !

Je me mets
à genoux,
jambes
écartées,
mains sur
les hanches.

Puis je me
penche
en arrière
pour toucher
mes pieds.

Je suis une bicyclette.
Mes jambes sont les roues,
mes bras sont les freins.

Sur le dos,
je lève
les jambes,
puis le corps,
en soutenant
mes reins
avec mes mains.

Je plie les genoux,
pointes des pieds tendues,
et quand je pédale,
les roues tournent!

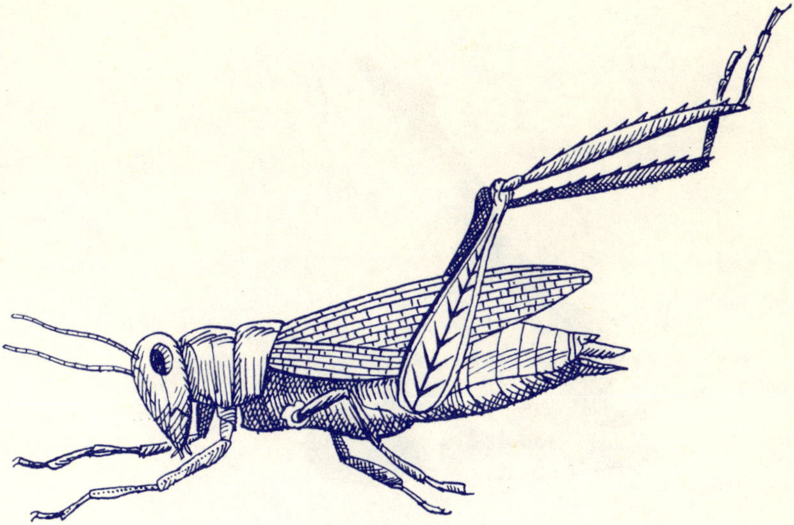

Je suis agile et rapide
pour me promener
dans les champs.
Je suis une sauterelle.

Je suis
allongée,
le menton
au sol,
les poings
sous
le ventre.

Sans lever
la tête,
je prends
une grande
inspiration
et je lève
les jambes.

Je suis une brouette.
Mes bras sont les poignées.

Sur le dos, je lève les jambes
au-dessus de la tête,
en gardant les mains à plat par terre.

Puis mes pieds vont toucher le sol
derrière ma tête.
Ils remontent et redescendent
plusieurs fois.

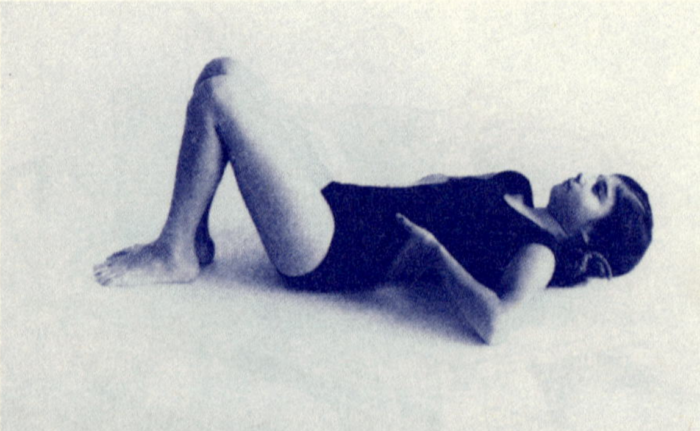

Les voitures passent
sur moi,
les bateaux
passent dessous.
Je suis un pont!

Sur le dos,
genoux
pliés,
mains aux
hanches,
je creuse
le dos.

Puis je me
soulève
avec les
coudes près
du corps
pour me
soutenir.

Mes pieds
sont toujours
à plat
sur le sol,
ils glissent
vers l'avant.
Je suis
maintenant
solide comme
un pont !

Je suis une montagne.
Mes jambes sont la base
et mes mains, le sommet.

Pour faire la base,
je croise la jambe gauche
sur la jambe droite.

Pour faire le sommet,
je tends mes bras au-dessus de ma tête,
les doigts de mes deux mains se touchent.

Ensuite je change.
Je croise la jambe droite
sur la jambe gauche
et je recommence.

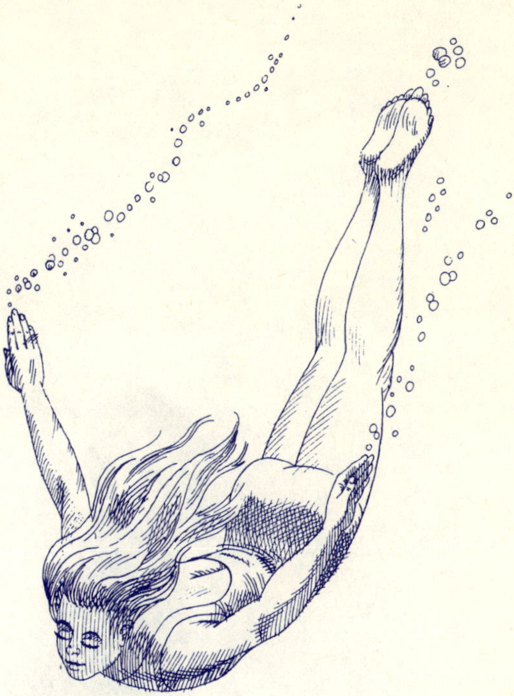

Je suis une nageuse.
Pour avoir
de bons muscles,
je lève les bras
et les jambes
le plus haut possible.

Je les tends
et je redresse la tête,
puis je me balance
d'avant en arrière
plusieurs fois.

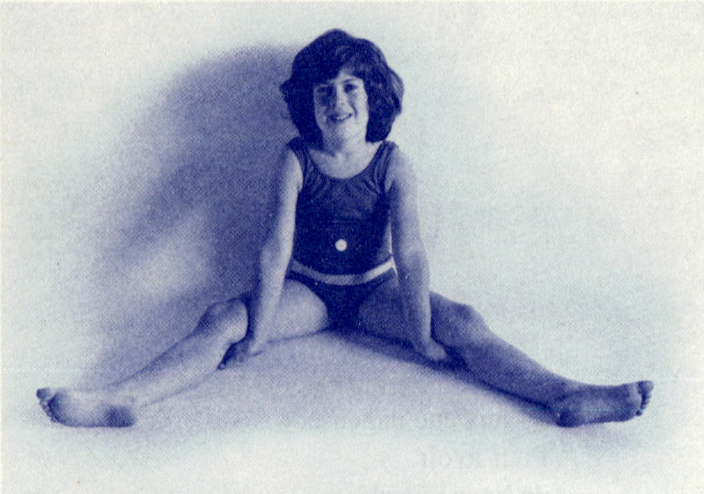

Je suis une tortue.
Une fois, j'ai
gagné une course
contre un lièvre.

J'écarte les jambes
et je glisse
les bras dessous,
mains à plat
par terre.

Puis je me penche
en avant
pour toucher
le sol
avec ma tête.

Je suis un cygne.
Je flotte sur un lac.

Bras et jambes
tendus, mains à
plat sur le sol,
je creuse le dos
pour montrer
mon long cou.

Puis je plie
mes jambes
pour toucher ma tête
avec mes orteils.

Je suis une roue
et je tourne
et je tourne...

Je plie les jambes
pour amener mes pieds
contre moi.

Puis je plie les bras
et je pose mes mains
près des épaules.

Je suis prête à
pousser très fort
sur les mains et les pieds
pour soulever mon corps.

Je suis un archer,
avec un arc
et une flèche.

Pour l'arc, je plie
la jambe droite en
approchant le pied
de l'oreille gauche,
et je prends
le gros orteil
avec la main gauche.

Pour la flèche,
je me penche
en avant
et je prends
l'orteil
du pied gauche
avec
la main droite.

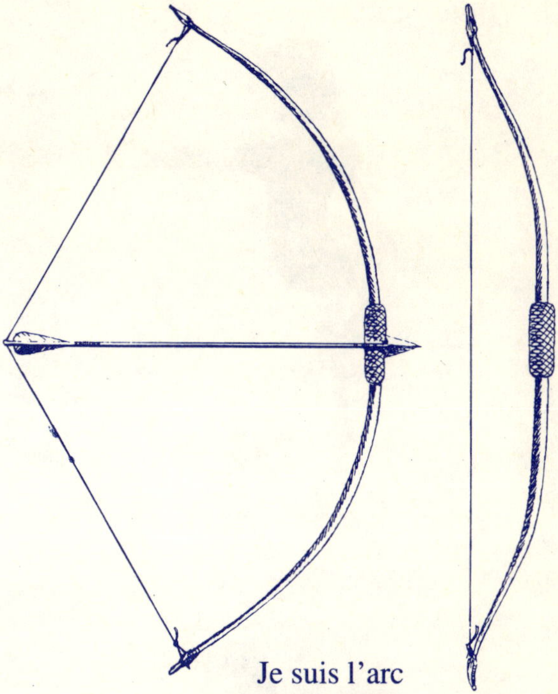

Je suis l'arc
qui décoche
les flèches.

Je plie
mes jambes
et je prends
mes chevilles,
puis je
m'étire
vers
le haut.

Mes bras
sont tendus
comme
la corde
de l'arc,
ma tête
est rejetée
en arrière.

Pour devenir
fort,
je me
balance
d'avant en
arrière
sans lâcher
mes chevilles.

Je suis
une flèche
qui file
comme le vent.

En équilibre
sur la
jambe droite,
je plie la
jambe gauche
et je prends
le pied
dans la
main gauche.

Puis je
me penche
en avant
et je lève
la jambe
gauche.

Mon bras
droit est
tendu,
paume
de la main
vers le haut.

Je suis un bourdon.
Je vole
de fleur en fleur.

Mon corps
est droit.
Mes bras
sont
les ailes.

Je me tiens
en équilibre
sur ma
jambe
gauche.

Puis je tends
ma jambe
droite et
mes bras en
arrière,
comme pour
voler.

Je suis une courbe.
Je n'ai pas peur
de perdre l'équilibre.

Je plie une jambe,
le pied à plat
sur le sol,
et je tends
l'autre jambe
en arrière.

Puis je creuse
le dos,
je lève les bras
au-dessus de la tête
et je joins
les mains.

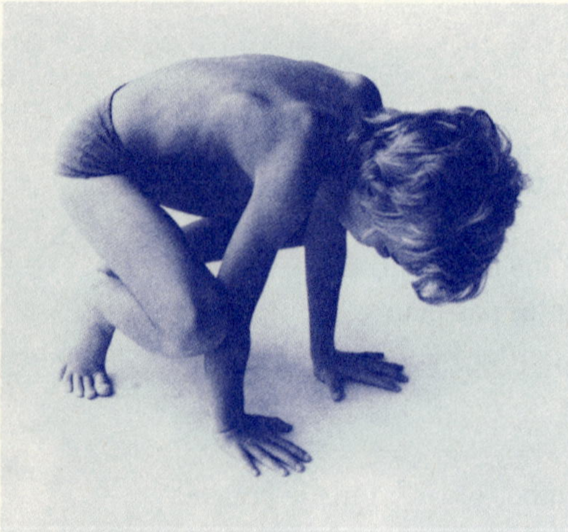

Je suis un corbeau.

Je suis accroupi,
mains à plat
sur le sol.
Mes genoux
touchent
mes coudes.

Alors, sur la
pointe des pieds,
je me soulève
et mes genoux
s'appuient contre
mes coudes.

Notes aux parents et aux enseignants

Que nos enfants soient vifs et en parfaite santé ne signifie pas nécessairement qu'ils sont souples, comme nous avons en général tendance à le croire. Quand j'ai commencé à enseigner le mouvement créatif, je me suis aperçue que de nombreux enfants ne passaient même pas le premier test consistant à se pencher et à toucher leurs pieds. J'ai constaté beaucoup de muscles abdominaux faibles, de genoux raides, d'épaules voûtées, de tensions, etc.

Le manque de mobilité, surtout chez les citadins, s'explique en partie par le mode de vie. Ils sont en voiture, même sur de courtes distances. Ils préfèrent pour la plupart rester des heures devant la télévision au lieu de marcher, de courir, de jouer. Cette privation d'exercice est souvent source de mauvaises positions et de problèmes musculaires.

J'ai eu envie de trouver un moyen d'améliorer le tonus musculaire des enfants et prévenir les troubles physiques qui risquent de les affliger plus tard. Pendant des années, j'ai souffert du dos et des articulations. La pratique quotidienne du yoga a changé ma vie. Tout le monde, à tout âge, peut tirer profit de cette belle discipline, j'en suis convaincue.

Dans ce livre, j'ai adapté le yoga aux enfants. En effet, ils s'ennuient vite s'ils doivent rester immobiles. Je les encourage donc à explorer la sensation du mouvement, en imitant par exemple la grenouille qui saute ou l'oiseau qui vole. Ils acceptent cependant aussi des exercices plus statiques quand ils s'identifient à un grand arbre dans la forêt ou à un pont traversé par des voitures.

J'ai inauguré ce programme dans mon appartement avec quelques enfants de trois à dix ans. La nouvelle qu'une femme enseignait gratuitement le yoga à qui voulait l'apprendre s'est vite répandue. Beaucoup sont venus par curiosité et, conquis, sont restés. Ils furent bientôt trente, de différentes races et nationalités.

Je les ai divisés en petits groupes pour pratiquer par séances de vingt minutes, trois fois par semaine, ces exercices simples et originaux qui développaient leur agilité et la coordination de leurs mouvements. Ils ne tardèrent pas à s'apercevoir qu'ils n'étaient pas aussi souples les uns que les autres. Mais je leur affirmai qu'ils pouvaient tous progresser, grâce à un entraînement régulier, car un corps jeune réagit bien. Animés par le désir de relever le défi, ils travaillèrent à fond pour dépasser leurs limites.

Une partie du programme concerne la respiration profonde qui stimule la circulation sanguine, oxygène le cerveau et donne de l'énergie. Là encore, par le pouvoir de l'imagination, ils devinrent des ballons, se gonflant pour emplir leurs poumons, se dégonflant pour les vider. Très vite, ils inventèrent leurs propres exercices de respiration, comme ils avaient créé aussi de nouveaux mouvements. Dans la posture de la grenouille, par exemple, ressentant le besoin de développer les sauts, ils organisèrent des courses de grenouilles. Un jeu en entraînait un autre. Les plus agiles faisaient le pont et invitaient les autres à passer dessous, etc.

Les enfants possèdent la faculté merveilleuse de s'impliquer totalement dans ce qu'ils font. En vertu d'un besoin inhérent d'allier le son au mouvement, ils sifflent en rampant comme un serpent ou gazouillent s'ils imitent un oiseau. Ils se concentrent si complètement qu'ils deviennent le serpent ou l'oiseau et font travailler spontanément leurs muscles principaux. Les enfants utilisent le mouvement comme moyen d'expression, aussi ces exercices sont-ils bénéfiques pour les hyperactifs.

L'expérience me révéla une autre qualité chez les enfants. Ils sont d'excellents enseignants entre eux. Un garçon de six ans tentait en vain de prendre la posture de l'archer. Sa sœur aînée vint à son secours.

"Ce n'est pas difficile", assura-t-elle. "Imagine que ta jambe gauche est un long fil de téléphone relié à ta main droite. Le téléphone est ton pied gauche et tu écoutes avec l'oreille droite".

Cette explication peut paraître compliquée à un adulte, mais le garçon comprit immédiatement.

En moins de trois mois, les enfants assimilèrent les trente exercices de ce livre, dont certains demandent un grand contrôle physique. Ils pouvaient aussi faire le pont, la roue, le grand écart et le poirier. Même les moins doués progressèrent nettement. Le succès dépassa mes espérances. Le yoga était entré dans la vie de ces enfants, je les ai souvent entendu dire: "Je fais mes devoirs, puis mon yoga." Ils redoublèrent d'efforts en apprenant qu'ils allaient être photographiés pour les illustrations de ce livre.

Après ce succès, j'ai voulu tester cette conception créative de l'exercice physique auprès d'enfants handicapés. Je contactai une école pour malentendants et handicapés de la parole à Manhattan. J'avais trois classes de douze et, même avec l'aide des éducateurs qui connaissaient chaque cas particulier, la tâche me sembla énorme. Je leur montrai les photographies et les dessins de ce livre et ils s'y intéressèrent. Ceux qui pouvaient parler produisaient tous les sons possibles en imitant les animaux et les objets. Les sourds lisaient sur leurs lèvres et les observaient attentivement pour ne rien manquer.

Ces enfants à problèmes vivaient des moments très intenses. En moins de quatre mois, certaines barrières psychologiques tombèrent. Une fillette de quatre ans, qui n'avait jamais articulé un seul mot, découvrit qu'elle pouvait toucher ses pieds avec sa tête. Ne réussissant pas à attirer mon attention avec ses gestes pour me le montrer, elle cria soudain: "Regarde, regarde!" Nous fûmes aussi surpris qu'elle.

J'incitai les plus favorisés à aider les autres et ils s'acquittèrent de cette mission avec une compréhension admirable de leurs difficultés. Un garçon se mit à pleurer parce qu'il ne réussissait pas à coordonner ses mouvements pour prendre la posture de l'arbre. Un camarade, qui ne s'exprimait que par signes, le poussa gentiment vers un mur, puis donna à ses bras et à ses jambes tremblants la position correcte. Tout le groupe applaudit.

En six mois de séances répétitives, ils apprirent environ vingt-cinq postures. Ces exercices imagés développèrent leur réceptivité, les aidant aussi dans leur vie quotidenne. Ils prirent confiance en eux et s'acceptèrent mieux. Les exercices qu'ils avaient appris se retrouvaient souvent dans leurs dessins. Un garçon de huit ans représenta un océan plein de poissons. Le plus gros, le seul qu'il avait colorié, était dans la posture de yoga.

Quand les enfants étaient en forme, ils ne manquaient pas de sens de l'humour. Un jour, durant un moment de chahut, je lançai: "Sommes-nous dans un marché aux poissons ici?"

Les premiers à comprendre se couchèrent sur le dos, dans la posture du poisson, les yeux clos, en souriant. Bientôt une voix rompit le silence: “Il y a dix poissons dans ce marché.” Celui qui parlait était très perturbé psychologiquement, il avait de nombreuses phobies, dont celle de la poussière, qui l’empêchait de retirer ses chaussures. Ce jour-là, il était sur son tapis en chaussettes comme les autres, avec ses chaussures à côté de lui.

En tant que parent ou enseignant, vous vous demandez sans doute comment entretenir l’intérêt des enfants pour ces exercices. Il suffit de les encourager avec une gentille persuasion et de varier les exercices de jour en jour pour maintenir leur curiosité en éveil. De cette façon, leur intérêt dépassera le premier engouement.

Tous les enfants, quelles que soient leurs capacités physiques ou mentales, sont naturellement attirés par ces mouvements créatifs et ils en retirent bien plus que le seul bénéfice physique.

Comment utiliser ce livre

L’enfant auquel nous souhaitons apprendre ces exercices les appréciera mieux s’il les pratique avec un autre enfant. A plusieurs, ils développent en outre l’esprit sportif. Pour un travail en groupe, une personne peut encadrer au maximum huit à dix enfants, du même âge de préférence. Pour un groupe plus important, il faut deux personnes, afin que chaque enfant reçoive l’aide nécessaire.

La capacité d’attention varie selon l’âge des enfants:

- 20 à 25 minutes de 7 à 10 ans;
- 10 à 15 minutes pour les 5-6 ans;
- 5 minutes pour les 3-4 ans.

Voici une suggestion pour animer un groupe. Demandez aux enfants de se mettre en cercle et envoyez-les tour à tour au milieu pour servir de modèle aux autres. Deux exercices par séance suffisent. A chaque nouvelle séance, répétez les exercices précédents afin d'améliorer la souplesse et le contrôle musculaire. Plus ces exercices leur deviendront familiers, plus ils en bénéficieront.

Si vous leur présentez ces exercices comme un jeu, leur imagination fera le reste. Lancez des concours: le gagant peut être, par exemple, celui qui tient le plus longtemps l'équilibre dans la posture de l'arbre.

Ces exercices de yoga invitent tout naturellement à la pantomime. Demandez à un enfant de prendre une posture devant le groupe. Les autres doivent la reconnaître. Ou bien, mettez-les deux par deux pour créer un tableau: un chat regardant un oiseau, l'arc et la flèche, etc.

Les joies de la pantomime

L'Archer et le Cygne

Le Bûcheron et l'Arbre

Le Chat et l'Oiseau

La Tortue et le Lièvre

Le Cobra et le Corbeau

L'Arc et la Flèche

Le Bourdon et la Sauterelle

La Nageuse sous le Pont

En enseignant ces exercices, d'autres idées vous viendront et les enfants ne manqueront pas d'en trouver aussi.

Le jeu de la relaxation

Le jeu de la relaxation est intéressant pour tous les enfants, mais les nerveux et les hyperactifs en bénéficieront tout particulièrement. Certains enfants accèdent facilement à la détente. Avec d'autres, vous rencontrerez quelques difficultés au début. Il vous faudra de la patience pour les rendre plus réceptifs. La relaxation intervient après les exercices, elle dure environ cinq minutes.

Demandez aux enfants de s'allonger sur le dos, bras et jambes étendus. Supprimez les éclairages violents pour créer une ambiance favorable. D'une voix douce, dites-leur:

Fermez les yeux. Maintenant votre corps va dormir pendant quelques minutes. Quand vous vous réveillerez, vous vous sentirez très bien, parfaitement reposés. Restez tranquilles pour que vos muscles se relâchent. Vos pieds s'endorment, ne bougez pas vos orteils. Endormez aussi vos jambes en les gardant immobiles. Ne bougez plus vos bras, ni vos mains. Vous vous sentez bien. Ne bougez pas. Inspirez profondément: votre ventre se remplit d'air comme un ballon. Puis expirez, votre ventre est comme un ballon qui se dégonfle. Recommencez: votre ventre se gonfle lentement, puis se dégonfle lentement. Maintenant, restez calmes, très calmes. Pas de paroles, pas de rires, pas de soupirs, pas de gestes. Vous allez vous endormir. Vous dormez... vous dormez... vous dormez.

1

2

3

Notes sur les exercices

1. L'OISEAU développe le sens de l'équilibre, tonifie les muscles des pieds et des chevilles. Dans le jeu des oiseaux qui volent, les moins de cinq ans ne peuvent pas tenir la position correcte, mais ils s'amusent en jouant aux oiseaux qui se préparent à s'envoler. (Voir pages 22-23.)

2. LA GRENOUILLE développe le sens de l'équilibre, assouplit les genoux, tonifie les muscles des pieds et des chevilles. Dans le jeu des grenouilles qui sautent, les moins de quatre ans trouvent en général plus facile de garder l'équilibre s'ils ont les pieds à plat sur le sol. (Voir pages 24-25.)

3. LE CHAT permet un étirement complet du corps. Dans la première phase, les pieds et les paumes des mains sont à plat sur le sol, la tête est baissée, les dos très arrondi. Dans la deuxième phase, le dos est creusé, la tête levée. Dans la troisième phase, la jambe gauche est levée, la tête tournée vers la gauche de façon à regarder les orteils. Recommencer ce dernier mouvement dans l'autre sens. (Voir pages 26-27.)

4

5

6

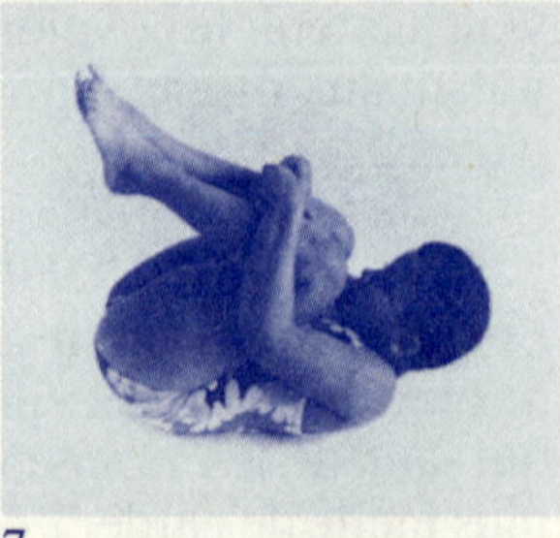
7

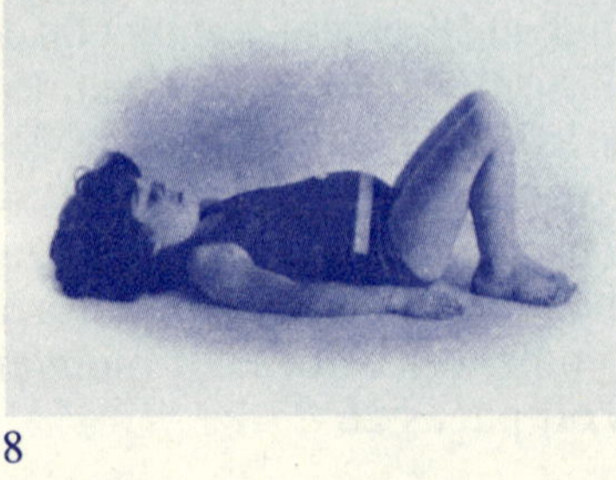
8

4. LE BUCHERON étire la colonne vertébrale et permet de décharger les excès d'énergie par les mouvements vers le haut et vers le bas répétés vigoureusement environ six fois. Les doigts sont entrecroisés. (Voir pages 28-29.)

5. LE LIEVRE étire la colonne vertébrale et irrigue le cerveau quand la tête est posée devant les genoux. Les bras sont bien tendus, les mains tiennent les chevilles, les fesses sont levées. (Voir pages 30-31.)

6. LA CIGOGNE est un exercice d'équilibre et de concentration. Quand l'équilibre est atteint, fermer les yeux. Alterner jambe gauche, jambe droite. (Voir pages 32-33.)

7. LE CHEVAL A BASCULE, très bon pour dénouer les muscles, est particulièrement profitable pour les enfants trop gros. La répétition énergique des mouvements de bascule, pendant une dizaine de minutes, permet d'assouplir le dos et la taille. Les bras restent autour des jambes pendant tout l'exercice. (Voir pages 34-35.)

8. LE BALLON est la clé de la respiration profonde. Il fait travailler le diaphragme. Il faut gonfler le ventre en inspirant, rentrer le ventre en expirant. La respiration est uniquement nasale. L'exercice favorise la relaxation du corps. Au début, les enfants ont tendance à se crisper. (Voir pages 36-37.)

9

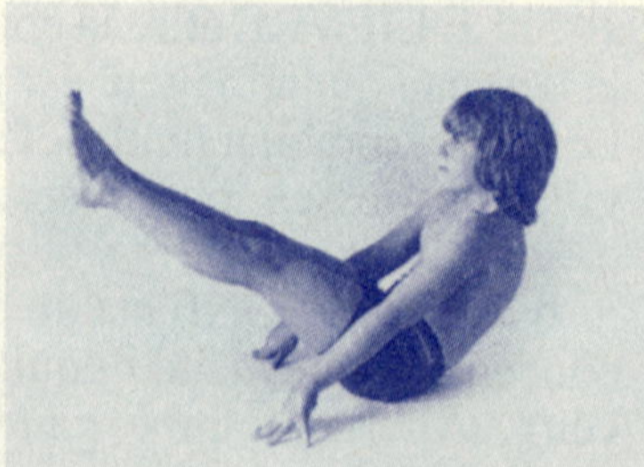
10

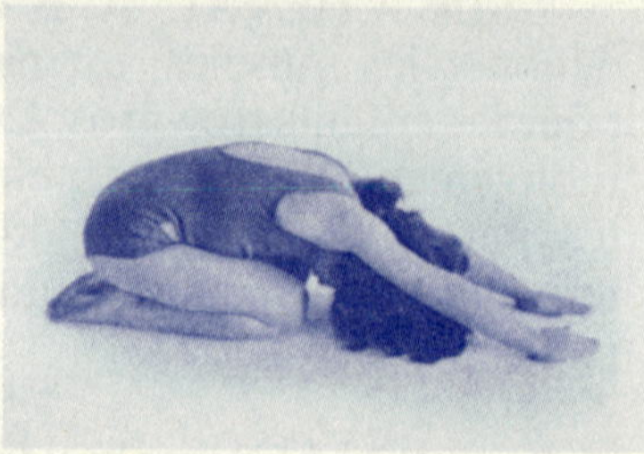
11

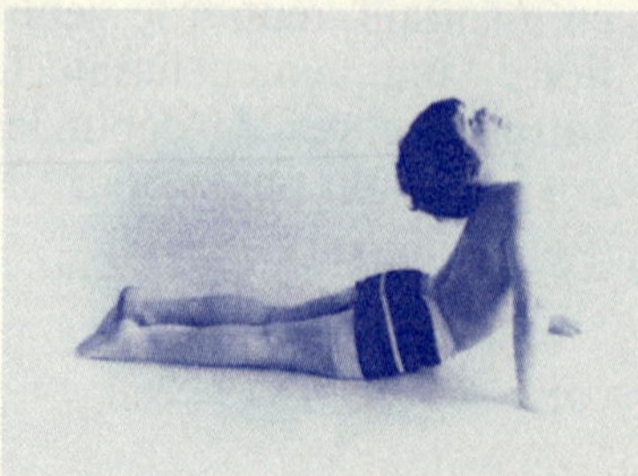
12

9. L'ARBRE développe le sens de l'équilibre et la concentration et étire la colonne vertébrale. Notez que le pied de la jambe pliée est bien à plat contre la cuisse de l'autre jambe. Les bras sont tendus vers le haut, les bouts des doigts se touchent. L'exercice peut devenir un concours de durée d'équilibre. Les enfants auront plus de facilité s'ils fixent un objet devant eux. Alterner jambe gauche, jambe droite. (Voir pages 38-39.)

10. LE "V" tonifie le ventre, fait travailler les hanches et les cuisses. La nuque et les épaules sont détendus. Le dos est légèrement arrondi pour maintenir l'équilibre. Les mains sont posées à plat près des cuisses. (Voir pages 40-41.)

11. L'HIRONDELLE permet l'étirement complet du corps. Les mouvements d'élongation sont particulièrement efficaces. (Voir pages 42-43.)

12. LE COBRA étire la colonne vertébrale et fortifie la région des reins. Les mains sont près de la poitrine quand l'enfant se redresse doucement, à la manière d'un serpent, jusqu'à ce que les bras soient tendus et la tête en arrière. Puis il redescend lentement, en déroulant le dos. (Voir pages 44-45.)

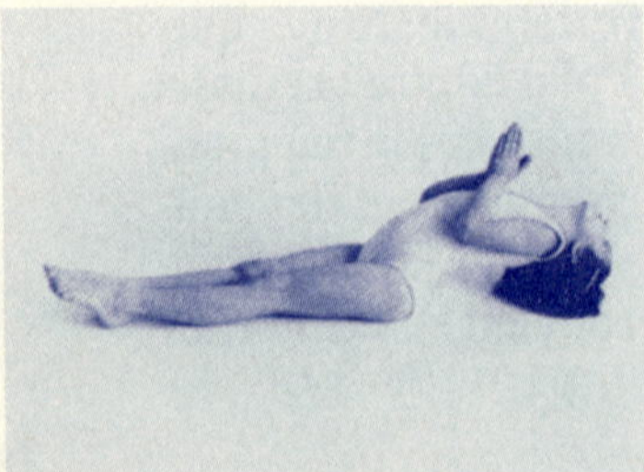
13

14

15

16

13. LE POISSON étire la colonne vertébrale et fortifie la région des reins. Les mains à plat sous les fesses, arquer le buste en appuyant bien la tête par terre. Les coudes soutiennent le corps. Puis retirer les bras et joindre les mains au-dessus de la poitrine. (Voir pages 46-47.)

14. LE TOBOGGAN fortifie les bras, les jambes et le dos. Le corps doit être bien tendu. Les pieds et les mains sont solidement posés sur le sol, la nuque est souple. (Voir pages 48-49.)

15. LE DROMADAIRE étire la colonne vertébrale. Le dos est cambré en arrière, les mains touchent les talons, les jambes sont écartées. Si l'enfant crispe la nuque et les épaules, aidez-le en le soutenant pendant qu'il se renverse en arrière. (Voir pages 50-51.)

16. LA BICYCLETTE tonifie la musculature dans la région des reins et de la taille. Les enfants dont ces muscles sont faibles ne parviennent pas à mettre les jambes à la verticale. Faites-les commencer en pédalant à l'envers, ce sera plus facile. Les coudes sont bien au sol pour soutenir les hanches. Une fois l'équilibre trouvé, les enfants s'amusent beaucoup à mouvoir leurs jambes à la manière des roues d'une bicyclette et l'exercice se transforme facilement en concours d'endurance. (Voir pages 52-53.)

17

18

19

20

17. LA SAUTERELLE tonifie la musculature dans la région des reins et de la taille. Menton au sol, lever les jambes tendues. Pour faciliter le mouvement, faire le poing et placer les mains sous le bassin. (Voir pages 54-55.)

18. LA BROUETTE étire les muscles et la colonne vertébrale. Les enfants qui sont raides doivent s'exercer à lever simplement leurs jambes au-dessus de la tête et à les rabaisser, afin d'étirer la colonne vertébrale. Ceux qui peuvent aller plus loin touchent le sol derrière la tête avec leurs pieds. Les bras ne bougent pas, les mains restent à plat sur le sol. (Voir pages 56-57.)

19. LE PONT fortifie les bras, les jambes et la colonne vertébrale. Quand le corps s'arc-boute, les jambes glissent en avant ensemble, pieds à plat sur le sol. Les coudes sont près du corps pour mieux le soutenir. Pour aider les enfants qui éprouvent des difficultés à effectuer cet exercice, leur soulever le dos. (Voir pages 58-59.)

20. LA MONTAGNE assouplit les genoux et étire la colonne vertébrale. Les enfants moins souples devraient commencer par pratiquer les exercices des pages 19 et 20. Les trois-quatre ans exécuteront une version simplifiée de la montagne. Soit : une jambe pliée sur l'autre, les bras tendus au-dessus de la tête, mains jointes. Soit: à genoux, chevilles croisées, bras tendus au-dessus de la tête, mains jointes. (Voir pages 60-61.)

21

22

23

24

21. LA NAGEUSE fortifie l'abdomen et la colonne vertébrale et tonifie l'ensemble du corps. Pour intensifier le travail musculaire, les enfants se balancent d'avant en arrière avec la tête redressée. Bras et jambes sont réunis. (Voir pages 62-63.)

22. LA TORTUE étire les jambes et la colonne vertébrale, fortifie l'abdomen. Cet exercice est difficile pour les enfants moins souples. A pratiquer d'une manière progressive. (Voir pages 64-65.)

23. LE CYGNE fortifie l'abdomen et étire la colonne vertébrale. Les mains sont à plat sur le sol, les bras tendus, près du corps, les jambes réunies. La nuque est souple, la tête renversée en arrière rejoint les orteils. Les enfants moins souples ne parviennent pas d'emblée à cette position. (Voir pages 66-67.)

24. LA ROUE assouplit la taille et le dos, fortifie l'abdomen et les membres. Il faut soutenir les enfants dont la musculature dorsale est faible. (Voir pages 68-69.)

25

26

27

25. L'ARCHER étire les jambes et la colonne vertébrale. La main ne tient que le gros orteil et non pas le pied. Se rappeler: *main droite, orteil gauche* et *main gauche, orteil droit*. Le bras tendu est du côté de la jambe pliée. Alterner jambe gauche, jambe droite. Notez qu'une jambe et un bras sont bien tendus, tandis que le corps se penche légèrement en avant. (Voir pages 70-71.)

26. L'ARC fortifie l'abdomen, les bras, les jambes et la colonne vertébrale. Il faut aider les enfants qui ne réussissent pas à lever les jambes. Les tenir sous les bras pour qu'ils ne basculent pas en avant. Avec un peu de pratique, l'exercice peut devenir un jeu: ils se balancent d'avant en arrière. Les bras sont tendus comme la corde d'un arc. (Voir pages 72-73.)

Exercices pour les enfants à partir de sept ans

27. LA FLECHE étire tout le corps, développe le sens de l'équilibre et la concentration. Pour faciliter l'équilibre, le regard fixe un objet devant lui. Les enfants apprennent plus vite cet exercice s'ils ont un appui au début pour mieux s'entraîner au contrôle musculaire. Quand le corps se penche avant, la jambe pliée va en arrière. L'autre jambe est fermement tendue. Alterner jambe gauche, jambe droite. (Voir pages 74-75.)

28

29

30

28. LE BOURDON étire tout le corps, développe le sens de l'équilibre et la concentration. Commencer avec un appui comme pour la Flèche. Le corps est bien droit à l'horizontale. La jambe de soutien est tendue. Alterner jambe gauche, jambe droite. Pour aider les enfants à se concentrer sur cet exercice, invitez-les à imiter le bruit du bourdon. (Voir pages 76-77.)

29. LA COURBE étire tout le corps et développe le sens de l'équilibre. Une jambe glisse en arrière, sans plier le genou, l'autre est pliée et ramenée près du corps. Les bras sont tendus en arrière, mains jointes. Alterner jambe gauche, jambe droite. Aider les enfants moins souples en les soutenant. (Voir pages 78-79.)

30. LE CORBEAU fortifie l'ensemble de la musculature et développe aussi le sens de l'équilibre. Par mesure de sécurité, ne pas pratiquer sur une surface dure, à cause des chutes possibles. Les coudes sont appuyés contre l'intérieur des cuisses, le corps est accroupi en position d'équilibre. Pousser sur les paumes des mains pour aider les jambes à se soulever. Un certain entraînement est nécessaire avant d'arriver à contrôler les muscles. Les enfants ont tendance à lever les jambes trop haut pendant cet exercice. (Voir pages 80-81.)

DES ENFANTS SAINS... MÊME SANS MÉDECIN

Dr Robert S. Mendelsohn

Traduit de l'américain - 300 pages.

Un pédiatre vous dit :
PARENTS, A VOUS D'AGIR !

L'auteur s'est affirmé comme tête de file de la nouvelle pédiatrie aux Etats-Unis. S'appuyant sur trente années d'expérience, il affirme que dans 95 % des cas d'indisposition enfantine, il est inutile, voire dangereux, d'appeler le médecin. Homme de bon sens, qui n'est pas aveuglé par des préjugés, ni prisonnier des principes qui lui ont été enseignés, il n'a pas peur de se remettre en question et de déranger ses confrères.

Le docteur Mendelsohn ne part pourtant pas en guerre contre la médecine. Il s'applique simplement à modérer son rôle à l'égard de la santé des enfants pour réhabiliter les parents dans le leur.

Ce livre indispensable aux parents donne toutes les informations pratiques pour comprendre et évaluer la gravité des problèmes et maladies des enfants, de la naissance à l'adolescence, et les indications nécessaires pour agir avec des moyens simples et sans danger, chaque fois que cela est possible.

VACCINER NOS ENFANTS ?

Dr Françoise Berthoud, pédiatre

Trois femmes médecins, Seringue, Doute et Nature, s'expriment selon leur conviction et leur expérience. Une réflexion sur le sens de la maladie et les éléments d'information essentiels pour que les parents se forgent leur propre opinion.

ALIMENTATION DE L'ENFANT

Dr Françoise Berthoud

Le tour des questions que se posent les parents désireux de bien nourrir leurs enfants. Simple, clair, sans sectarisme. Pour des enfants sains, vigoureux et de bonne humeur.

168 pages

GRAINES GERMÉES ET JEUNES POUSSES

Dr Soleil

Graines germées et jeunes pousses sont de remarquables "aliments de santé", riches en vitamines, minéraux, oligo-éléments et autres substances biologiques actives. Elles corrigent les carences provoquées par l'alimentation moderne dénaturée. Les introduire dans ses menus permet de concilier le mode de vie actuel avec le maintien d'une bonne santé. Les graines germées et les jeunes pousses permettent d'éviter l'excès de produits animaux et elles assurent à tout âge un équilibre alimentaire parfait pour un très faible coût.
Ce livre présente les méthodes de culture et des recettes de base qui vous permettront d'utiliser les graines germées et les jeunes pousses dans votre cuisine quotidienne.

128 pages

LES ALIMENTS LES PLUS RICHES EN ENERGIE SOLAIRE

MANGER "SOLEIL"

Il est possible d'évaluer les aliments selon leur apport quantitatif, mais il existe aussi une autre méthode : celle de l'approche qualitative qui privilégie leur potentiel de vitalité. Et les graines germées, les jeunes pousses, les fruits et les légumes crus en regorgent. A vous de les utiliser dans votre cuisine quotidienne!
Manger "Soleil" vous propose des recettes variées, originales, économiques et attrayantes, qui renouvelleront votre conception de la cuisine. Elles sont excellentes pour votre palais et votre santé!

GUIDE DES RÉGIMES

Considérés du point de vue de l'individu à la recherche de l'alimentation qui lui convient personnellement, les divers régimes ne sont plus contradictoires. Ils offrent la richesse d'un éventail de possibilités complémentaires. Le *Guide des Régimes* les présente avec leurs avantages, leurs inconvénients et leurs effets sur la santé, afin d'informer le lecteur et de l'aider à s'orienter.

APPRENDRE A SE NOURRIR

Sous une forme attrayante, toutes les informations pour une alimentation vivante et variée, libérée de la contrainte des régimes rigoureux comme de la culpabilité des erreurs répétées, préjudiciables à notre santé. Ce livre propose en outre une classification qui permet d'évaluer les aliments selon leur degré de vitalité. Savourons parfois le plaisir du connu et apprenons à d'autres moments de nouvelles façons de nous nourrir pour nous offrir la vitalité et le bien-être d'un organisme régénéré!

APPRENDRE A SE DÉTOXIQUER

Notre équilibre personnel peut se maintenir même dans des conditions défavorables si nos organes d'élimination fonctionnent bien. Tant que l'apport de toxines reste dans les limites de notre capacité de détoxication, notre bien-être est assuré. Dès que nous absorbons trop de substances dévitalisées ou nocives, nous nous intoxiquons et souffrons de troubles de plus en plus importants. Ne les subissons pas plus longtemps, alors qu'il existe des méthodes faciles pour "nettoyer" notre organisme

CASSETTES SOLEIL

HYGIÈNE INTESTINALE (S-014)

LA SANTÉ, ÇA S'APPREND (S-023)
Accroître son capital de santé et son bien-être quotidien par des moyens faciles à utiliser, en appréciant la complémentarité de toutes les écoles.

NUTRITION ET MALADIES (S-011)
Les rapports entre les habitudes alimentaires et les maladies de notre temps.

CE QU'IL FAUT SAVOIR POUR ÉVITER LE CANCER (S-008)
Cesser de se sentir impuissant face au cancer en apprenant les moyens préventifs.

VAINCRE PAR LA SOPHROLOGIE

Dr Raymond Abrezol

Une approche facile de la sophrologie. Des exercices simples pour parvenir à des niveaux de conscience profonds où la peur n'existe plus et où se révèlent d'insoupçonnables ressources individuelles capables de vaincre toutes les difficultés. Les grands problèmes de la vie abordés dans l'optique d'une application immédiate et aisée des principes de la sophrologie.

Le Dr Abrezol enseigne la sophrologie depuis de nombreuses années. Il s'est fait, en particulier, connaître grâce aux remarquables résultats obtenus par cette méthode dans le cadre du sport de compétition. Il anime de multiples séminaires pour le corps médical (sophrologie thérapeutique) ou pour le public (sophrologie de bien-être).

LA POLARITÉ, VOS MAINS GUÉRISSENT

Richard Gordon

L'équilibrage de la polarité est reconnu comme l'un des outils les plus puissants dans l'approche holistique de la santé. Cette technique est facile à apprendre, subtile et cependant incroyablement efficace. En utilisant les courants de force du corps, chacun peut aider son prochain à relâcher les blocages énergétiques qui sont à l'origine des troubles physiques et psychiques.

L'ENERGIE QUI COULE A TRAVERS VOS MAINS...
UNE SOURCE INÉPUISABLE DE BIEN-ETRE ET DE SANTÉ !

Achevé d'imprimer en octobre 1987.
Imprimerie Granchamp - Annemasse (France)

Dépôt légal : octobre 1987